CW01099926

Le petit livre

BONNE MAMAN®

LENE KNUDSEN
Photographies de Richard Boutin

marabout

SOMMAIRE

KITS

GÂTEAUX & CIE

DESSERTS GOURMANDS

RECETTES RÉGRESSIVES

MINIS

KIT TARTINES

TARTINE CONFITURE DE PÊCHES & CONFITURE DE FRAMBOISES EN CROISILLONS

2 tranches de pain de campagne, ½ pot de confiture de pêches BONNE MAMAN®, ½ pot de confiture de framboises BONNE MAMAN®, 1 pochoir/douille moyenne

Remplir 2 pochoirs avec les confitures et faire des croisillons sur le pain. On peut si l'on veut mettre une couche de beurre avant les confitures.

TARTINE DE CONFITURE DE LAIT & BANANE

2 tranches de pain de campagne, ¼ de pot de confiture de lait BONNE MAMAN®, ½ banane mûre

Tartiner les tranches avec une couche de confiture de lait, couper la banane en rondelles et les poser dessus.

TARTINE FROMAGE FRAIS & CONFITURE DE FRAISES

2 tranches de pain de campagne, ½ barquette de fromage frais (type S' Môret), ¼ de pot de confiture de fraises BONNE MAMAN®

Tartiner les tranches avec une couche de fromage frais, suivie d'une fine couche de confiture de fraises.

TARTINE CHÈVRE DOUX & CONFITURE DE CERISES NOIRES

2 tranches de pain de campagne, ½ barquette de chèvre doux, ¼ de pot de confiture de cerises noires BONNE MAMAN®

Tartiner les tranches avec une couche de fromage de chèvr doux, suivie d'une couche de confiture de cerises noires.

KIT GÂTEAUX ROULÉS

3 œufs, blancs et jaunes séparés,
75 g de sucre, 80 g de farine, 1 cuillerée
à café d'extrait de vanille, 1 pincée de sel

Monter les blancs d'œufs en neige. Dans
un bol, fouetter les jaunes avec le sucre et
l'extrait de vanille. Ajouter la farine et le sel
et mélanger délicatement. Incorporer les blancs
en neige, puis verser dans un moule
rectangulaire beurré. Enfourner à 180 °C pour
10 à 12 minutes. Démouler et tartiner avec
la garniture de votre choix avant de l'enrouler.

ROULÉ À LA CONFITURE DE CHÂTAIGNES, MASCARPONE & MERINGUES CONCASSÉES

125 g de mascarpone, 1 pot de confiture
de châtaignes BONNE MAMAN®,
4 meringues concassées

Étaler une couche de mascarpone sur
le gâteau, puis une couche de confiture
de châtaignes. Parsemer de brisures
de meringue. Enrouler délicatement.

ROULÉ À LA CONFITURE DE FRAISES & CHANTILLY

25 cl de crème liquide, 40 g de sucre glace,
½ cuillerée à café d'extrait de vanille,
½ sachet de cremfix®, 1 pot de confiture
de fraises BONNE MAMAN®

Fouetter la crème liquide en chantilly. Quand
elle commence à prendre, ajouter le sucre
glace, l'extrait de vanille et le cremfix®.
Étaler une couche de confiture de fraises
sur le gâteau, puis une couche de chantilly,
et enrouler délicatement.

ROULÉ À LA CONFITURE D'ABRICOTS, FRUIT DE LA PASSION & NOIX DE COCO

1 pot de confiture d'abricots BONNE
MAMAN®, la pulpe de 1 fruit de la passion,
1 poignée de noix de coco râpée

Étaler une couche de confiture d'abricots
sur le gâteau, puis une couche de pulpe
de fruit de la passion. Parsemer de noix
de coco râpée. Enrouler délicatement.

ROULÉ AU CHOCOLAT & CONFITURE DE FRAMBOISES

1 pot de pâte à tartiner au chocolat, 1 pot de
confiture de framboises BONNE MAMAN®,
15 g de chocolat noir grossièrement râpé

Étaler une couche de pâte à tartiner sur
le gâteau, puis une couche de confiture
de framboises. Parsemer de chocolat râpé
puis enrouler délicatement.

KIT VERRINES

VERRINES CHOCOLAT & ORANGES AMÈRES

2 jaunes d'œufs, 10 g de sucre,
60 g de chocolat noir fondu, 12 cl de crème liquide, 4 cuillerées à soupe de marmelade d'oranges amères BONNE MAMAN®

Faire chauffer dans une casserole le sucre avec 1 cl d'eau. À 120 °C, verser le sirop sur les jaunes d'œufs battus, en remuant sans cesse, jusqu'à ce que le mélange refroidisse. Ajouter le chocolat fondu. Monter la crème liquide en chantilly et l'incorporer au mélange. Répartir la mousse dans 2 verres puis placer au réfrigérateur pour 2 heures. Ajouter la marmelade sur les mousses au chocolat.

VERRINES YAOURT, CASSIS & CARAMEL

55 g de sucre, 2 pots de yaourt nature,
2 cuillerées à soupe de gelée de cassis
BONNE MAMAN®

Faire chauffer le sucre et 2 cl d'eau dans une casserole à feu doux jusqu'à obtenir une couleur marron doré. Retirer du feu. Verser sur du papier sulfurisé huilé et laisser durcir. Verser dans chaque verre 1 pot de yaourt, la gelée de cassis et les éclats de caramel.

VERRINES SORBET FRAMBOISE & CARAMEL

120 g de sucre, 10 cl de crème liquide, sorbet à la framboise BONNE MAMAN®, 2 petits-beurre BONNE MAMAN® émiettés

Faire chauffer le sucre et 4,5 cl d'eau dans une casserole à feu doux jusqu'à obtenir une couleur marron doré. Retirer du feu et incorporer la crème liquide en fouettant. Dans 2 verres, disposer des mini boules de sorbet, verser un filet de caramel et ajouter les biscuits émiettés.

VERRINES GLACE CONFITURE DE LAIT, POMME CARAMÉLISÉE & PRALINÉ CROQUANT

55 g de sucre + 2 cuillerées à soupe de sucre, 30 g de noisettes grillées, crème glacée à la confiture de lait BONNE MAMAN®, ½ pomme coupée en lamelles, beurre pour la cuisson

Faire chauffer le sucre et 2 cl d'eau dans une casserole à feu doux, en remuant, jusqu'à obtenir une couleur marron clair. Retirer du feu. Verser le caramel avec les noisettes sur du papier sulfurisé huilé. Laisser durcir. Faire dorer les lamelles de pomme avec du beurre dans une poêle et saupoudrer avec le sucre. Dans 2 verres, disposer des mini boules de crème glacée, ajouter les lamelles de pomme caramélisées et le praliné croquant.

KIT PÂTES DE FRUITS

PÂTES DE FRUITS À LA MYRTILLE
225 g de confiture de myrtilles sauvages
BONNE MAMAN®, 4 feuilles de gélatine,
environ 100 g de sucre blanc cristal

PÂTES DE FRUITS À L'ORANGE AMÈRE
225 g de marmelade d'oranges amères
BONNE MAMAN®, 4 feuilles de gélatine,
environ 100 g de sucre blanc cristal

PÂTES DE FRUITS À LA FRAISE
225 g de confiture de fraises BONNE
MAMAN®, 4 feuilles de gélatine,
environ 100 g de sucre blanc cristal

PÂTES DE FRUITS AU CASSIS
225 g de gelée de cassis BONNE MAMAN®,
6 feuilles de gélatine, environ 100 g de sucre
blanc cristal

Huiler un plat de 18 x 14 cm, de 2 cm de
profondeur, avec une huile végétale neutre
(type huile de tournesol ou huile de pépins
de raisin). Mettre les feuilles de gélatine
dans un bol d'eau froide pendant
10 minutes. Faire chauffer la confiture dans
une casserole à feu doux. Quand elle
commence à bouillir, retirer du feu et ajouter
la gélatine. Remuer rapidement pour faire
fondre la gélatine, puis verser dans le plat.
Laisser prendre 2 à 3 heures ou toute
une nuit. Pour démouler, retourner le plat
et attendre que la pâte de fruits tombe,
ou la sortir avec une spatule. Tremper
un couteau pointu dans de l'eau presque
bouillante et découper des petits cubes
de 3 x 3 cm. Les rouler dans le sucre.
Ces pâtes de fruits se conservent quelques
jours dans une boîte hermétique.

KIT GÂTEAUX DE CRÊPES

80 g de farine, 60 g de sucre, sel, 3 œufs,
18 cl de lait, 8 cl de crème liquide, 20 g
de beurre fondu, beurre ou huile végétale
pour la cuisson

Mélanger la farine, le sucre et le sel. Ajouter
les œufs et fouetter, puis verser le lait et
la crème liquide en filet. Incorporer le beurre
fondu. Laisser reposer 30 minutes
au réfrigérateur. Faire cuire les crêpes.

GÂTEAU DE CRÊPES À LA CONFITURE 4 FRUITS, MIEL & CHANTILLY

25 cl de crème liquide, 40 g de sucre glace,
½ sachet de cremfix® (facultatif), confiture
4 fruits BONNE MAMAN®, miel d'acacia
pour la décoration

Monter la crème liquide en chantilly. Quand
elle commence à prendre, ajouter le sucre
glace et le cremfix®. Monter le gâteau en
alternant crêpe, confiture, crêpe et chantilly.
Terminer par le miel.

GÂTEAU DE CRÊPES À LA CONFITURE DE CHÂTAIGNES, RAISINS & CHANTILLY

4 pots de yaourt à la grecque, 50 g de raisins
secs, 3 cuillerées à soupe de marsala, confiture
de châtaignes BONNE MAMAN®, sucre glace

Laisser égoutter les yaourts dans un filtre
à café pendant 1 heure, puis les mettre dans
un bol. Faire macérer les raisins secs dans
l'alcool. Monter le gâteau en alternant crêpe,
confiture de châtaignes, crêpe, yaourt
et raisins. Saupoudrer de sucre glace.

GÂTEAU DE CRÊPES À LA GELÉE DE GROSEILLES, CHANTILLY & MYRTILLES

25 cl de crème liquide, 40 g de sucre glace,
½ sachet de cremfix® (facultatif), gelée de
groseilles Bonne Maman®, 125 g de myrtilles

Monter la crème liquide en chantilly. Quand elle
commence à prendre, ajouter le sucre glace et
le cremfix®. Monter le gâteau en alternant
crêpe, gelée de groseilles, crêpe, chantilly et
myrtilles. Terminer par une couche de chantilly
et de myrtilles, saupoudrer de sucre glace.

GÂTEAU DE CRÊPES À LA CONFITURE DE MYRTILLES SAUVAGES, CHANTILLY, CHOCOLAT

25 cl de crème liquide, 40 g de sucre glace,
½ sachet de cremfix® (facultatif), confiture
de myrtilles sauvages BONNE MAMAN®,
50 g de chocolat râpé, fraises pour décorer

Monter la crème liquide en chantilly. Quand
elle commence à prendre, ajouter le sucre glace
et le cremfix®. Monter le gâteau en alternant
crêpe, confiture de myrtilles, crêpe, chantilly
et chocolat râpé. Terminer par de la chantilly,

MADELEINES À LA CARDAMOME
& CONFITURE D'ABRICOTS

15 MIN DE PRÉPARATION – 1 H DE RÉFRIGÉRATION – 10 MIN DE CUISSON

POUR 18 MADELEINES

3 œufs

3 ½ cuillerées à soupe
de confiture d'abricots
BONNE MAMAN®

60 g de sucre

20 g de miel

1 pincée de sel

170 g de farine

1 cuillerée à café
de levure chimique

½ cuillerée à café
de cardamome moulue

120 g de beurre très mou

1- Battre les œufs, la confiture, le sucre, le miel et le sel dans un grand bol : le mélange doit presque doubler de volume.
2- Tamiser la farine, la levure chimique et la cardamome, puis verser dans le bol avec le mélange à base d'œufs et remuer délicatement. En dernier, ajouter le beurre très mou et fouetter doucement jusqu'à ce que la pâte soit lisse et homogène. Placer la pâte au réfrigérateur pour 1 heure au minimum.
3- Préchauffer le four à 230 °C. Sortir le bol, graisser les moules à madeleine et verser 1 ½ cuillerée à café de pâte dans chaque alvéole.
4- Baisser à 200 °C et enfourner les madeleines. Au bout de 5 minutes de cuisson, baisser à 180 °C (c'est à ce moment-là que la bosse va se former) et poursuivre la cuisson encore 3 à 4 minutes.
5- Laisser refroidir dans le four et dès qu'on peut prendre les moules avec les mains sans se brûler, les sortir du four. Ranger les madeleines dans une boîte hermétique pendant qu'elles sont encore chaudes pour qu'elles gardent tout leur moelleux. Conserver 4 jours au maximum.

CROISSANTS FOURRÉS À LA CONFITURE D'ABRICOTS

25 MIN DE PRÉPARATION – 17 À 20 MIN DE CUISSON

**POUR 5 OU
6 CROISSANTS**

1 pâte feuilletée

80 g de beurre froid

farine

¼ de pot de confiture
d'abricots BONNE
MAMAN®

1 jaune d'œuf battu
+ 1 pinceau

1- Dérouler la pâte sur un papier de cuisson fariné et mettre
un bloc de beurre carré, de 2 à 3 cm d'épaisseur, au milieu
de la pâte. Plier chaque coin vers le milieu pour obtenir
un carré ou un rectangle.

2- Fariner la pâte et avec un rouleau à pâtisserie, abaisser,
puis replier de nouveau les coins vers le milieu pour bien
répartir le beurre. Répéter 1 fois l'opération.

3- Couper avec un couteau pointu des triangles allongés
de 10 cm en bas et de 15 cm en hauteur. Étaler une couche
de confiture d'abricots et, au milieu, déposer 1 cuillerée à café
de confiture en boule. Enrouler délicatement du bas vers
le haut et badigeonner les croissants avec le jaune d'œuf.

4- Enfourner pour 17 à 20 minutes environ à 180 °C. Retirer
du four et laisser refroidir sur une grille. Ces croissants
se conservent 3 jours dans une boîte hermétique.

CAKE À L'ORANGE & AUX NOIX DE PÉCAN

20 MIN DE PRÉPARATION – 40 MIN DE CUISSON

POUR 6 PERSONNES

280 g de farine

½ cuillerée à café de bicarbonate de soude

1 pincée de sel

½ cuillerée à café de 4-épices

40 g de sucre brun

120 g de beurre

140 g de miel d'acacia

120 g de mélasse noire

2 œufs

10 cl de yaourt nature

70 g de marmelade d'oranges amères BONNE MAMAN®

1- Tamiser la farine, le bicarbonate de soude, le sel et les épices dans un grand bol. Mélanger bien les ingrédients secs à l'aide d'un fouet.

2- Dans une petite casserole, faire fondre le sucre brun, le beurre, le miel et la mélasse noire à feu doux. Retirer du feu et laisser refroidir quelques instants avant d'incorporer aux ingrédients secs.

3- Mélanger les oeufs avec le yaourt, et incorporer au mélange précédent. Ajouter la marmelade d'oranges amères. Mélanger délicatement.

4- Verser la pâte dans un moule à cake beurré et chemisé de papier sulfurisé. Enfourner dans le four préchauffé à 175 °C pour 30 à 40 minutes. À mi-cuisson, tourner le gâteau pour une cuisson uniforme. Vérifier la cuisson avec la lame d'un couteau : elle doit ressortir sèche.

5- Laisser refroidir 2 minutes puis envelopper le gâteau dans du film alimentaire, pour qu'il garde tout son moelleux.

TARTELETTES À LA FRAMBOISE & À LA FRANGIPANE

40 MIN DE PRÉPARATION – 1 H DE RÉFRIGÉRATION – 25 À 30 MIN DE CUISSON

POUR 4 TARTELETTES

FRANGIPANE

40 g d'amandes

40 g de noisettes

20 g de farine

90 g de beurre ramolli

2 œufs

80 g de sucre

½ cuillerée à café d'extrait de vanille

1 cuillerée à café d'alcool Grand Marnier® (facultatif)

PÂTE SUCRÉE

200 g de farine

45 g de sucre

140 g de beurre

1 œuf

1 cuillerée à café d'extrait de vanille

GARNITURE

6 cuillerées à soupe de confiture de framboises BONNE MAMAN®

1- Pour la frangipane, dans un robot, mixer les amandes, les noisettes et la farine. Dans un grand bol, fouetter le beurre avec les œufs, le sucre, l'extrait de vanille et l'alcool. Ajouter la farine aux amandes et aux noisettes puis remuer jusqu'à ce que le mélange soit homogène.

2- Pour la pâte sucrée, verser la farine, le sucre et des petits cubes de beurre à température ambiante dans un grand bol. Travailler du bout des doigts. Battre à la fourchette l'œuf et l'extrait de vanille dans un verre. Verser dans le bol et bien mélanger avec une fourchette. Pétrir la pâte sur un plan de travail, ajouter de la farine si la pâte est trop collante.

3- Préchauffer le four à 170 °C.

4- Diviser la pâte en quatre. À l'aide d'un rouleau à pâtisserie, abaisser chaque morceau en un disque d'environ 0,5 cm d'épaisseur. Glisser les disques de pâte dans 4 moules à tartelette préalablement beurrés.

5- Enfourner les tartelettes et faire cuire à blanc pendant 15 minutes. Les sortir du four et les démouler.

6- Étaler une couche de confiture de framboises dans les fonds de tartelette, puis une couche de frangipane. Les poser sur la plaque du four garnie d'une feuille de papier cuisson et enfourner pour 15 minutes. Laisser refroidir et décorer avec des fruits rouges. Saupoudrer de sucre glace.

BOUCHÉES DE GÉNOISE ENROBÉES À LA FRAMBOISE

20 MIN DE PRÉPARATION – 25 MIN DE CUISSON

POUR 24 BOUCHÉES

140 g de farine

4 œufs

120 g de sucre

½ pot de confiture
de framboises
BONNE MAMAN®

environ 60 g de noix
de coco râpée

1- Tamiser la farine au-dessus d'un grand bol.

2- Mettre les œufs et le sucre dans un plat au bain-marie, bien fouetter jusqu'à ce que le mélange double de volume. Retirer du feu et continuer à fouetter jusqu'à ce que le mélange soit presque à température ambiante.

3- Ajouter la farine et mélanger délicatement. Verser dans le plat rectangulaire de 33 x 23 cm, beurré et chemisé de papier sulfurisé.

4- Enfourner dans un four préchauffé à 180 °C pendant 25 minutes environ, puis laisser refroidir sur une grille. Quand le gâteau est froid, le couper en cubes de 5 x 5 cm.

5- Tartiner tous les côtés des cubes d'une fine couche de confiture, puis les rouler dans la noix de coco. Le gâteau sans garniture se conserve 3 jours, emballé dans du film alimentaire. La confiture de framboises peut être remplacée par de la marmelade d'oranges amères.

PALMIERS À LA CONFITURE D'ABRICOTS
& PISTACHES CONCASSÉES

10 MIN DE PRÉPARATION – 30 MIN DE RÉFRIGÉRATION – 12 À 15 MIN DE CUISSON

POUR 20 PALMIERS

1 pâte feuilletée

60 g de sucre blanc

¼ de pot de confiture d'abricots BONNE MAMAN®

environ 15 g de pistaches concassées

1- Couper les bords de la pâte feuilletée pour obtenir un rectangle, saupoudrer toute la surface de sucre et, à l'aide d'une petite spatule, recouvrir la pâte d'une fine couche de confiture d'abricots. Parsemer de pistaches concassées.

2- Replier les 2 côtés extérieurs vers le milieu sans les superposer, rabattre ensuite les 2 côtés à nouveau sur le milieu pour obtenir une longue saucisse. Passer légèrement un rouleau à pâtisserie pour enlever l'air entre les couches. Laisser reposer environ 30 minutes au réfrigérateur pour faciliter le découpage (c'est difficile quand la pâte est ramollie).

3- Couper la saucisse en rondelles d'environ 1 cm d'épaisseur. Disposer les palmiers sur une plaque de cuisson chemisée de papier sulfurisé, en les espaçant. Enfourner pour 12 à 15 minutes à 180 °C.

4- Quand les palmiers sont dorés, les sortir du four et les laisser refroidir sur une grille. Ils se conservent environ 5 jours dans une boîte hermétique.

CRUMBLE À LA CONFITURE DE RHUBARBE
& AUX FRUITS FRAIS

20 MIN DE PRÉPARATION – 45 MIN DE CUISSON

POUR 2 PERSONNES

3 ou 4 pommes de
variétés différentes

le jus de 1 citron

4 cuillerées à soupe
de confiture de rhubarbe
BONNE MAMAN®

1 barquette
de framboises

½ barquette de myrtilles

2 cuillerées à soupe
de sucre

1 pincée de cannelle
moulue

MIETTES

60 g de farine

60 g de sucre

60 g de beurre

25 g de flocons d'avoine

1 - Pour les miettes, mixer tous les ingrédients, ou les malaxer avec les doigts. Placer au réfrigérateur jusqu'à utilisation.

2 - Couper les pommes en petits carrés d'environ 2,5 x 3,5 cm. Mettre les pommes dans un bol, les arroser de jus de citron. Ajouter la confiture, les fruits, le sucre et la cannelle puis mélanger.

3 - Verser le tout dans un plat allant au four et disposer dessus les miettes sur une épaisseur de 2 cm.

4 - Enfourner pour 45 minutes environ à 170 °C jusqu'à ce que le crumble soit joliment doré.

5 - Servir chaud, avec une boule de glace à la vanille, de la chantilly ou de la crème anglaise.

RIZ AU LAIT À LA CONFITURE DE FRAISES

10 MIN DE PRÉPARATION – 1 H DE CUISSON

POUR 4 PERSONNES

130 g de riz rond

1 litre de lait écrémé
ou entier

½ gousse de vanille

15 g de sucre blanc

le zeste de ½ orange

20 cl de crème liquide
bien froide

$1/5$ de sachet de cremfix®
(facultatif)

3 cuillerées à soupe
de sucre glace

8 cuillerées à soupe
de confiture de fraises
BONNE MAMAN®

1- Dans une casserole, mettre le riz avec ½ dl d'eau,
le lait, la ½ gousse de vanille, le sucre et le zeste d'orange
finement râpé. Laisser frémir à feu doux pendant environ
1 heure. Remuer toutes les 5 à 10 minutes pour que le riz
n'attache pas.

2- Quand le riz a bien absorbé tout le liquide et qu'il est très
onctueux, retirer du feu et laisser refroidir complètement.

3- Monter la crème liquide en chantilly, incorporer le cremfix®
et le sucre glace à la fin pour obtenir la consistance souhaitée.

4- Quand le riz au lait a refroidi, le mélanger délicatement
avec la chantilly.

5- Servir le riz au lait avec 2 cuillerées à soupe de confiture
de fraises dans chaque bol.

GRATIN DE FRUITS MERINGUÉ À LA COMPOTE D'ABRICOTS

20 MIN DE PRÉPARATION – 1 H DE CUISSON

POUR 2 PERSONNES

60 g de myrtilles

125 g de framboises

125 g de mûres

6 cuillerées à soupe de compote d'abricots **BONNE MAMAN®**

2 blancs d'œufs

110 g de sucre blanc

1- Mélanger tous les fruits avec la compote d'abricots dans un plat allant au four.

2- Monter les blancs d'œufs en neige ferme, puis ajouter le sucre en 2 fois, sans cesser de fouetter.

3- Avec une grosse cuillère, étaler la meringue sur les fruits et enfourner pour 1 heure à 100 °C.

4- Laisser refroidir quelques instants puis servir chaud avec une boule de glace. Saupoudrer d'un peu de sucre.

POMMES AU FOUR À LA GELÉE DE GROSEILLES

20 MIN DE PRÉPARATION – 40 MIN DE CUISSON

POUR 4 PERSONNES

4 pommes canada grises

jus de citron

20 g de beurre coupé
en petits morceaux

environ 60 g de sucre
en poudre

¼ de pot de gelée
de groseilles
BONNE MAMAN®

1- Laver les pommes, couper les chapeaux et verser un peu de jus de citron sur la chair. Avec un couteau pointu, enlever le trognon et creuser une cavité.

2- Mettre 1 cuillerée à soupe de gelée de groseilles dans la cavité des pommes. Ajouter 5 g de beurre par pomme et saupoudrer de 1 cuillerée à soupe de sucre.

3- Disposer les pommes dans un plat allant au four, placer les chapeaux à côté et non pas sur les pommes, sinon la pomme a tendance à exploser ou à ramollir trop vite.

4- Enfourner pour 35 à 40 minutes à 180 °C. Servir immédiatement avec de la gelée de groseilles supplémentaire et 1 boule de glace à la vanille, selon les goûts.

PAIN PERDU

15 MIN DE PRÉPARATION – 15 MIN DE CUISSON

POUR 2 PERSONNES

30 cl de lait entier

½ cuillerée à café d'extrait de vanille

4 cuillerées à soupe de confiture de lait BONNE MAMAN®

¼ de cuillerée à café de sel

2 œufs

4 tranches de pain brioché ou de pain de mie

beurre pour la cuisson

CRÈME ANGLAISE

20 cl de crème liquide

½ cuillerée à café d'extrait de vanille

3 jaunes d'œufs

25 g de sucre

DÉCORATION

myrtilles, fraises, framboises

1 - Préparer la crème anglaise. Chauffer la crème liquide avec l'extrait de vanille dans une casserole. Dans un bol, mélanger les jaunes d'œufs avec le sucre jusqu'à obtenir une consistance épaisse et homogène. Quand la crème commence à bouillir, la verser en filet dans le mélange sucre-jaunes d'œufs, en remuant sans cesse. Reverser le tout dans la casserole et chauffer de nouveau à feu doux, en remuant avec une cuillère en bois.

2 - Quand la crème a épaissi et nappe le dos de la cuillère, retirer du feu et la passer dans une passoire. La crème anglaise se conserve quelques jours au réfrigérateur.

3 - Verser le lait, l'extrait de vanille, la confiture de lait et le sel dans une casserole, et chauffer à feu doux. Remuer jusqu'à ce que la confiture de lait ait fondu, puis retirer du feu.

4 - Battre les oeufs dans un bol assez grand. Tremper les tranches de pain dans le mélange à la confiture de lait, puis dans les œufs, des 2 côtés.

5 - Faire cuire dans une poêle beurrée, à feu moyen, pendant environ 3 minutes de chaque côté. Servir avec la crème anglaise et des fruits frais.

OMELETTE SUCRÉE

15 MIN DE PRÉPARATION – 5 MIN DE CUISSON

POUR 2 PERSONNES

2 œufs

2 cuillerées à soupe
de sucre blanc

½ cuillerée à café
d'extrait de vanille

le zeste de ¼ de citron
(facultatif)

beurre pour la cuisson

COULIS

1 poignée de fruits frais :
cerises, framboises…

3 cuillerées à soupe
de confiture de myrtilles
sauvages BONNE
MAMAN®

½ poignée de sucre blanc

1 cuillerée à soupe d'eau

DÉCORATION

myrtilles, mûres,
framboises + sucre blanc

1- Casser les œufs dans un grand bol avec le sucre blanc
et l'extrait de vanille. Battre à l'aide d'un fouet jusqu'à ce que
le mélange blanchisse et devienne très léger.

2- Préparer le coulis avant de cuire l'omelette. Mettre les fruits
et la confiture avec le sucre et l'eau dans une casserole et faire
revenir à feu moyen. Retirer du feu.

3- Verser le mélange d'œufs dans une petite poêle avec
de l'huile ou du beurre puis faire cuire à feu moyen (l'omelette
ne doit surtout pas être baveuse). Juste avant la fin de
la cuisson, verser le coulis dessus, décorer de fruits frais
et saupoudrer de sucre. Servir rapidement pendant que
l'omelette est bien gonflée.

CROQUE-MONSIEUR À LA CONFITURE DE FRAISES, CHAMALLOWS & CHOCOLAT RÂPÉ

5 MIN DE PRÉPARATION – 3 À 4 MIN DE CUISSON

POUR 2 PERSONNES

4 tranches de pain de mie

6 cuillerées à soupe
de confiture de fraises
BONNE MAMAN®

4 chamallows blancs

30 g de chocolat noir

1 - Préchauffer l'appareil à croque-monsieur.
2 - Tartiner 2 tranches de pain de mie avec 3 cuillerées
à soupe de confiture chacune. Couper les chamallows en deux
et les répartir sur la confiture. Râper grossièrement le chocolat
et fermer les sandwichs avec les 2 tranches de pain restantes.
3 - Mettre les sandwichs dans la machine et cuire 3 à 4 minutes.
Servir aussitôt.

BROCHETTES DE FRUITS

5 MIN DE PRÉPARATION

POUR 2 PERSONNES

1 petite grappe de raisin vert

125 g de framboises

100 g de marmelade d'oranges amères **BONNE MAMAN®** dans un petit pot

vermicelles en chocolat

noix de coco râpée

pralinés noisette

1- Rincer les fruits, les tremper dans de la confiture, puis les rouler dans les différents toppings.
2- Enfiler les fruits sur les pics à brochette puis servir. Vous pouvez utiliser une confiture de votre choix ; ici, la marmelade d'oranges amères apporte un petit goût amer.

SANDWICHS BRIOCHÉS À LA CONFITURE
& FROMAGE FRAIS SUCRÉ

15 MIN DE PRÉPARATION – 10 MIN DE REPOS

POUR 2 PERSONNES

2 Carrés Frais®

50 g de beurre

le zeste de ¼ de citron

70 g de sucre glace

4 tranches de pain brioché

4 cuillerées à soupe de confiture 4 fruits BONNE MAMAN®

60 g de myrtilles

1- Sortir les Carrés Frais® et le beurre 2 heures avant utilisation. Les mettre dans un bol, avec le zeste de citron, et bien mélanger.

2- Tamiser le sucre glace dans le bol et remuer de nouveau. Placer 10 minutes au réfrigérateur.

3- Tartiner 2 tranches de pain brioché de fromage frais, puis ajouter une couche de confiture 4 fruits. Parsemer de myrtilles et fermer les sandwichs avec les tranches de pain brioché restantes.

BARRES DE CÉRÉALES À LA MARMELADE D'ORANGES AMÈRES

15 MIN DE PRÉPARATION – 30 MIN DE CUISSON

POUR 20 BARRES

135 g de flocons d'avoine

15 g de riz soufflé

25 g de raisins secs
ou d'airelles séchées

25 g de noix de coco

1 cuillerée à soupe
de graines de sésame

½ cuillerée à café
de cannelle moulue

70 g de miel

25 g de beurre

30 g de sucre

80 g de marmelade
d'oranges amères
BONNE MAMAN®

1- Chemiser une plaque de cuisson de papier sulfurisé.

2- Mettre tous les ingrédients secs dans un grand bol.

3- Faire chauffer à feu doux le miel, le beurre, le sucre
et la marmelade d'oranges amères avec 2 cl d'eau. Quand
le sucre est dissous, verser le mélange sur les ingrédients
secs et remuer avec une cuillère en bois.

4- Étaler le tout sur la plaque, tapoter éventuellement avec
les mains pour chasser l'air. Enfourner pour 30 minutes
environ à 165 °C. Tourner la plaque à mi-cuisson pour avoir
une cuisson homogène.

5- Laisser refroidir sur la plaque, mais pas trop longtemps,
car les barres pourraient devenir humides et collantes.
Découper des barres de 3 x 10 cm. Elles se conservent
quelques jours dans une boîte hermétique chemisée
de papier sulfurisé.

6- Pour décorer, on peut faire fondre du chocolat noir, blanc
ou au lait et, à l'aide d'un cornet en papier d'aluminium,
dessiner des traits sur les barres.

44

GLACE VANILLE AUX CERISES GRIOTTES FAÇON SUNDAY

20 MIN DE PRÉPARATION – 1 H DE CONGÉLATION

POUR 4 PERSONNES

1 bac de 0.75 l de crème glacée vanille BONNE MAMAN®

¼ de pot de confiture de cerises griottes BONNE MAMAN®

éclats de caramel au noix de pécan grillées

55 g de sucre blanc

30 g de noix de pécan grillées

1- Pour préparer les éclats de caramel aux noix de pécan, verser le sucre et 2 cl d'eau dans une casserole et faire chauffer à feu doux jusqu'à dissolution du sucre. Augmenter le feu et quand le mélange tourne au marron clair et commence à sentir le caramel, retirer la casserole du feu. Verser le caramel sur les noix de pécan disposées sur une feuille de papier sulfurisé huilé et laisser durcir. Casser en gros morceaux et conserver dans une boîte hermétique.

2- Sortir la crème glacée du congélateur et la laisser ramollir. La verser dans un grand bol et fouetter pour obtenir une consistance onctueuse. Verser ¼ de pot de confiture de cerises griottes dans la crème glacée, faire de jolis traits, sans trop remuer. Transférer le tout dans un sac en plastique alimentaire (ou un pochoir) et le placer au congélateur pendant 1 heure.

3- Quand la consistance est très dense mais toujours maniable, couper un bout du sac et remplir les coupes de crème glacée. Saupoudrer avec des éclats de caramel aux noix de pécan.

PÂTE À TARTINER AU CHOCOLAT BLANC & CONFITURE DE LAIT

15 MIN DE PRÉPARATION

POUR 1 POT

150 g de chocolat blanc

85 ml de crème liquide

1 pincée de sel

5 cl de confiture de lait
BONNE MAMAN®

1- Casser le chocolat blanc en gros morceaux puis les faire fondre au bain-marie, à feu très doux. Hors du feu, ajouter la crème liquide et 1 pincée de sel. Remuer délicatement avec une spatule ou une cuillère en bois.

2- Faire chauffer légèrement la confiture de lait à feu doux pour la liquéfier. Elle sera ainsi plus facile à incorporer au chocolat blanc. Retirer du feu.

3- Prendre un pot de confiture propre et le remplir en alternant les couches de chocolat blanc et de confiture de lait. On peut aussi verser d'abord tout le chocolat blanc, puis toute la confiture de lait. À l'aide d'une baguette en bois, tourner d'un coup rapide pour avoir un joli mélange. Ne pas trop mélanger. Laisser refroidir. Cette pâte se conserve 4 à 5 jours au réfrigérateur.

PETITS SANDWICHS GLACÉS

30 MIN DE PRÉPARATION – 1 H DE REPOS – 12 À 15 MIN DE CUISSON

POUR 25 SANDWICHS

120 g de chocolat noir

200 g de farine

1 pincée de sel

1 cuillerée à café
de levure chimique

25 g de cacao en poudre
de bonne qualité

50 g de beurre ramolli

90 g de sucre blanc

1 œuf + 1 jaune d'œuf

½ cuillerée à café
d'extrait de vanille

1 bac de 0.75 l de crème
glacée à la confiture
de lait BONNE MAMAN®

¼ de pot de gelée de
mûres BONNE MAMAN®

1- Faire fondre le chocolat coupé en gros morceaux
au bain-marie, à feu doux. Retirer du feu.

2- Tamiser la farine, le sel, la levure chimique et le cacao
au-dessus d'un grand bol.

3- Battre le beurre et le sucre, puis ajouter l'œuf et le jaune
d'œuf, le chocolat fondu et l'extrait de vanille. Ajouter la farine
et pétrir la pâte avec les mains. Si elle est trop collante, ajouter
de la farine.

4- Étaler la pâte avec un rouleau à pâtisserie sur une épaisseur
de 0,5 cm. Avec un emporte-pièce, découper des sablés
puis les placer sur une feuille de papier cuisson. Mettre
au réfrigérateur pendant 1 heure.

5- Enfourner les sablés à 165 °C pendant 12 à 15 minutes.
À la sortie du four, les laisser refroidir sur une grille.

6- Couper des tranches de crème glacée à la taille des sablés,
d'environ 3 cm d'épaisseur. Poser la crème glacée sur
la moitié des sablés. Mettre 1 grosse cuillerée à soupe
de gelée de mûres dessus, puis fermer les sandwichs avec
les sablés restants. Servir tout de suite.

CIGARETTES RUSSES À LA CONFITURE
DE FRAMBOISES

15 MIN DE PRÉPARATION – 1 H DE RÉFRIGÉRATION – 6 MIN DE CUISSON

POUR 20 CIGARETTES

200 g de sucre glace

65 g de farine

1 pincée de sel

3 blancs d'œufs

75 g de beurre fondu

1 cuillerée à café
de crème liquide

½ cuillerée à café
d'extrait de vanille

½ pot de confiture
de framboises
BONNE MAMAN®

sucre glace pour décorer

1 - Tamiser le sucre glace, la farine et le sel au-dessus d'un grand bol. Ajouter les blancs d'œufs bien fouettés à la main, le beurre fondu, la crème liquide et l'extrait de vanille.

2 - Bien mélanger la pâte et la mettre au réfrigérateur pour 1 heure au minimum.

3 - Préchauffer le four à 200 °C.

4 - Disposer 2 à 4 carrés de pâte liquide sur une feuille de cuisson (étaler la pâte finement à l'aide d'une spatule). Les bords des carrés ne doivent pas se toucher.

5 - Enfourner les carrés pour 6 minutes environ. Quand les bords commencent à dorer, les sortir du four et, avec une spatule, poser les carrés sur le plan de travail. Les enrouler immédiatement car ils vont durcir assez vite. Les premières cigarettes sont très difficiles à réussir, mais, après, c'est presque comme à l'usine…

6 - Si les carrés commencent à craquer pendant que vous les enroulez, les remettre de nouveau au four pour 1 à 2 minutes afin de les rendre souples.

7 - Quand les cigarettes ont refroidi, les remplir de confiture de framboises à l'aide d'un pochoir. Saupoudrer de sucre glace.

BOUCHÉES MERINGUÉES À LA FRAMBOISE

15 MIN DE PRÉPARATION – 1 H DE CUISSON

POUR 25 MERINGUES

2 blancs d'œufs

100 g de sucre blanc

¼ de pot de confiture
de framboises
BONNE MAMAN®

1- Monter les blancs d'œufs en neige avec un batteur
électrique. Quand ils ont doublé de volume, verser le sucre
en pluie et fouetter encore. La neige doit être ferme et tout
le sucre incorporé.

2- Avec une poche à douille ou une cuillère, former des petites
meringues sur une plaque de cuisson. Enfourner pour 1 heure
environ à 100 °C. Sortir les meringues du four et les laisser
refroidir sur une grille.

3- Quand les meringues ont refroidi, les assembler deux
par deux avec de la confiture de framboises. Les meringues
sans confiture se conservent quelques jours dans une
boîte hermétique.

TARTELETTES PÊCHES & CONFITURE DE LAIT

10 MIN DE PRÉPARATION – 12 MIN DE CUISSON

POUR 4 PERSONNES

¼ de pot de confiture
de lait BONNE MAMAN®

2 pêches jaunes

1 pâte sablée vanillée

quelques framboises
pour décorer

1- Préchauffer le four à 180 °C.

2- Découper 4 carrés de pâte sablée. Plier chaque carré
en deux et enfourner pour 12 minutes environ jusqu'à
ce qu'ils aient pris une jolie couleur dorée. Sortir du four
et laisser refroidir légèrement.

3- Dénoyauter les pêches et les couper en fines tranches.

4- Pendant que la pâte est encore chaude, étaler dessus
une bonne couche de confiture de lait, disposer des tranches
de pêche et décorer de quelques framboises. Servir tout
de suite.

TRUFFES À LA GELÉE DE COINGS

35 MIN DE PRÉPARATION

POUR 15 TRUFFES

80 g de petits-beurre
BONNE MAMAN®

10 g de noix de coco

15 g de raisins secs,
hachés

20 g d'abricots secs,
hachés

5 g d'orange confite,
coupée en tout petits
bouts (ou citron confit,
ou gingembre confit)

3 cuillerées à soupe de
gelée de coings BONNE
MAMAN®

NAPPAGE

60 g de chocolat noir
de couverture

cacao en poudre
de bonne qualité

1- Réduire les petits-beurre en miettes. Verser les miettes
et les ingrédients restants dans un bol puis bien mélanger
jusqu'à obtenir un mélange homogène.

2- Façonner des petites boules de cette préparation.

3- Faire fondre le chocolat au bain-marie. À l'aide de
2 fourchettes, envelopper les petites boules de chocolat fondu,
puis rouler les truffes dans du cacao, dans un petit bol
au bord haut. Ces truffes se conservent jusqu'à 5 jours dans
une boîte hermétique dans un endroit frais.

CORNETS DE CRÊPE & CHANTILLY À LA FRAMBOISE

10 MIN DE PRÉPARATION – 20 MIN DE CUISSON

POUR 10 CORNETS

65 g de beurre

110 g de sucre

1 œuf

6 cl de lait

½ cuillerée à café
d'extrait de vanille

125 g de farine

le zeste de 1 citron
(facultatif)

CHANTILLY FRAMBOISE

20 cl de crème liquide
bien froide

½ sachet de cremfix®
(facultatif)

2 cuillerées à soupe
de sucre glace

¼ de pot de confiture
de framboises BONNE
MAMAN®

1- Dans une casserole, faire fondre le beurre à feu doux. Verser le beurre dans un grand bol, ajouter le sucre, bien remuer. Mélanger l'œuf avec le lait, l'extrait de vanille et 6 cl d'eau puis incorporer ce mélange au beurre-sucre. Enfin, ajouter la farine et le zeste de citron. La pâte doit être lisse et homogène.

2- Faire fondre une noix de beurre dans une poêle. Verser une petite louchée de pâte : la crêpe ne doit pas être trop épaisse, mais plutôt fine comme une tuile.

3- Dorer la crêpe sur les 2 faces. La sortir de la poêle et l'enrouler tout de suite en cornet (oui, ça brûle, mais il faut faire très vite !). Mettre un objet qui maintienne la forme du cornet pendant que la crêpe durcit.

4- Monter la crème bien froide en chantilly avec un batteur électrique. Quand la chantilly commence à prendre, verser la poudre cremfix® et le sucre glace puis battre jusqu'à ce qu'elle soit bien ferme. Ajouter la confiture de framboises, sans trop remuer.

5- Quand les cornets ont durci et refroidi, les remplir de chantilly à la framboise, éventuellement à l'aide d'une poche à douille à grande ouverture.

SABLÉS À LA CONFITURE DE FRAISES

20 MIN DE PRÉPARATION – 1 H DE RÉFRIGÉRATION – 12 MIN DE CUISSON

POUR 20 SABLÉS

250 g de farine

70 g de sucre

1 pincée de sel

200 g de beurre très froid

½ œuf battu

½ cuillerée à café
d'extrait de vanille

le zeste de ½ citron
ou d'orange

½ pot de confiture de
fraises **BONNE MAMAN**®

sucre glace pour
la décoration

1- Tamiser la farine, le sucre et le sel dans un grand bol.
Couper le beurre en petits morceaux, les ajouter aux
ingrédients secs et travailler du bout des doigts jusqu'à obtenir
des miettes.

2- Ajouter l'œuf, l'extrait de vanille et le zeste de citron
ou d'orange puis pétrir la pâte jusqu'à ce qu'elle devienne
homogène.

3- Sur un papier sulfurisé légèrement fariné, abaisser la pâte
avec un rouleau à pâtisserie sur une épaisseur de 0,5 cm.
Découper 40 disques avec un emporte-pièce puis les placer
sur une plaque de cuisson chemisée de papier sulfurisé.
Placer au réfrigérateur pendant 1 heure.

4- Enfourner les sablés à 170 °C pour 12 minutes environ :
ils doivent être juste dorés. Retirer du four et laisser refroidir
sur la plaque.

5- Retourner la moitié des sablés et les tartiner de confiture
de fraises. Fermer avec les sablés restants. Saupoudrer
de sucre glace avant de servir. Ces sablés se conservent
1 semaine dans une boîte hermétique.

REMERCIEMENTS DE L'AUTEUR

Pour ma petite Lou
& Marie-Eve :
sans ses corrections soigneuses, mes recettes n'auraient jamais vu le jour !

Avec la collaboration de BONNE MAMAN®.
Tous droits réservés. Toute reproduction ou utilisation de l'ouvrage sous quelque forme
et par quelque moyen électronique, photocopie, enregistrement ou autre que ce soit
est strictement interdite sans l'autorisation de l'éditeur.

Shopping : Lene Knudsen
Suivi éditorial : Marie-Eve Lebreton
Préparatrice de copie : Natacha Kotchetkova
Relecture : Véronique Dussidour
Mise en pages : Gérard Lamarche

© Hachette Livre (Marabout) 2012
41 0355 2
ISBN: 978-2-501-07609-8
Dépôt légal : janvier 2012
Achevé d'imprimer en novembre 2011
sur les presses d'Impresia-Cayfosa en Espagne